AF248207

RÉPONSE

D'UN AMI DE LA MONARCHIE

A UN PARTISAN

DU GOUVERNEMENT RÉPUBLICAIN;

DÉDIÉE

A MONSIEUR LE DUC DE LAFORCE,

Pair de France, Maréchal-de-camp, Inspecteur
de Cavalerie dans la 10.ᵉ Division militaire.

TOULOUSE,

F.ˢ VIEUSSEUX, Imprimeur de S. A. R. M.gr le Duc
de BERRI, rue St.-Rome, n.º 46.

1816.
Avec Permission.

À Monsieur le Duc de Laforce.

MONSIEUR LE DUC,

Les ennemis du Roi, les amis du désordre, ceux qui avaient plongé notre patrie dans les horreurs d'une anarchie dévastatrice, suivie de la plus cruelle tyrannie, secouent encore la torche incendiaire des opinions qui firent le malheur de la France et la couvrirent du voile funèbre de la désolation. Sujet fidèle de mon Roi, voué dès mon enfance à la Famille chérie de mes Souverains légitimes, j'ai cru de mon devoir de faire connaître à mes compatriotes, sous le nom de mon ami, les erreurs diverses où peuvent les faire tomber les conseils et les jactances des factieux. Daignez, Monsieur le Duc, ajouter un accueil favorable à mes efforts, et j'aurai sans doute le bonheur d'être encore utile au meilleur des Rois.

Agréez, Monsieur le Duc, l'hommage respectueux du dévouement

de votre très-humble serviteur

RINGAUD.

M ONSIEUR,

Je suis peu fait pour raisonner politique, et votre amitié m'accorde un mérite dont je suis, à coup sûr, plus éloigné que vous.

Nous avons, vous et moi, parcouru bien différemment le labyrinthe épouvantable de la révolution ; votre manière d'envisager ses événemens a toujours été bien loin des sensations qu'ils m'ont fait éprouver ; et le théâtre où la fortune vous a fait monter, vous a mis plus à même de calculer les systèmes monstrueux des gouvernemens qui n'ont cessé de se succéder pendant vingt-cinq ans.

Vous avez pu les comparer avec le caractère et les mœurs des peuples qu'ils régissaient, vous pouviez en calculer l'analogie, et apprécier les causes dont je ne ressentais que les effets les plus douloureux.

De toutes vos offres, je n'accepte que la continuité de votre amitié, avec d'autant plus de plaisir, que vous avez été mon premier ami.

J'ai toujours pensé comme Chaulieu, des faveurs de la fortune. Comme lui, vous le savez, dès mon enfance, je n'ai trouvé la vérité que dans les sensations de l'âme. Vous

vous souvenez sans-doute , que c'est de cette source que je faisais naître le bonheur des hommes , lorsque malgré le sentiment d'un écrivain célèbre, je soutenais , que dans nos habitudes, l'esprit faisait plus de mal au cœur, que le cœur n'en faisait à l'esprit.

J'ai toujours conservé ma précieuse philosophie, je n'ai vécu que pour mon cœur, et la balance des compensations a toujours penché du côté des jouissances.

Jugez d'après cela , combien je suis peu propre à calculer les mouvemens des ressorts multipliés que les gouvernemens agitent , ou mieux qui, agitent les gouvernemens : car je crois bien que les circonstances dirigent plutôt l'esprit d'un cabinet , que ce cabinet les circonstances.

Au reste , nous différons tellement , vous et moi , sur ce qui nous convient en fait de gouvernement , et en principes généraux sur l'opinion , la religion , les armes et jusques au système de notre éducation , que je crains bien que nous ne soyons pas d'accord.

Je vous dirai cependant ce que j'en pense, votre amitié m'y convie , puisse ma raison être assez forte pour vous prouver jusques à l'évidence , la justesse de mes principes , et vous convaincre que l'état actuel des choses fut de tous les temps le seul mobile du bonheur social en France.

Chaque homme , abstraction faite du religieux , a sa morale particulière , dépendante de ses besoins, de ses habitudes, enfans de ses besoins , et de son caractère influencé par ses habitudes et ses besoins, et souvent dépendant des unes et des autres.

Chaque peuple a aussi sa morale générale , qu'on nomme législation, dépendante des mêmes principes , et faite pour le besoin de tous.

Ce que nous appelons gouvernement , n'est que le mode exécutif de la morale générale, confié à un ou plusieurs individus.

Chez un peuple qui ne connaît point l'honneur, c'est-à-dire l'estime de soi-même et celle des autres , il n'est point de morale générale, tout se décide par la force. C'est chez ce peuple , que le premier qui fut roi fut un soldat heureux. Là le gouvernant ne connaît point de bornes à son pouvoir , comme le gouverné ne connaît point de bornes à son caprice, pour changer le gouvernant. Du chef au sujet , tout est intérêt particulier , il n'en existe point d'intermédiaire ; aussi , dans un gouvernement de cette espèce , du trône à la mort , et de l'esclavage au trône , il n'y a jamais qu'un pas à faire. En Turquie tout est revolutions en matière de gouvernement , et le seul avantage qui soit en faveur du peuple, c'est qu'un jour les voit commencer et finir.

Il en est bien autrement du gouvernement monarchique. Le moyen coërcitif des lois n'appartient réellement qu'à un seul , mais son intérêt est intimément lié au bonheur des peuples; parce que plus un peuple est heureux, plus il est aisé de le gouverner ; et moins les rênes d'un gouvernement sont pesantes, plus le bonheur des rois est grand. Le respect réciproque du gouvernant au gouverné ramène toutes les volontés au même centre , le bien général ; de là vient que le bonheur des rois ne pouvant exister sans le bonheur des peuples , il n'y a plus d'intérêts différens , et que de l'intérêt général résulte l'intérêt particulier.

Le monarque et le peuple sont semblables à une roue , dont les rayons portent au centre une force qui les soutient , et que le centre leur réfléchit dans les mêmes proportions , pour maintenir l'équilibre d'une machine qui clocherait de toute part, et se délabrerait en entier , si l'angle de réflexion était en sens inverse de l'angle d'incidence.

Trouverez-vous la même coïncidence de rapports dans ce que vous appelez une république, qu'on ne trouve réellement nulle part ? Non, car l'intérêt général y aboutissant à plusieurs centres , c'est-à-dire , à plusieurs gouvernans, il doit nécessairement y avoir divergence , d'où doit s'en suivre un bouleversement, qui, dans un gouvernement de cette espèce , commencera par l'anarchie , et finira par le despotisme.

Je suis surpris qu'avec la justesse d'esprit que je vous connais, et l'expérience des choses, vous vous soyez laissé prendre à ce grand mot de république , mot toujours vuide de sens dans son acception propre , et qui ne fut jamais que le fard de la tyrannie ou de l'ambition affublées du manteau de la philantropie.

Sous le régime républicain , les lois gouvernent et non les hommes, dites-vous. Je vous observerai qu'il n'y a que le despotisme seul qui ne connaisse point de législation , parce que le pouvoir du gouvernant y est toujours régi forcément par le seul intérêt de la volonté qui fait toute sa force. Votre assertion, au reste, serait nécessairement vraie , si les lois qui ne sont autre chose que la morale sociale , ne divisaient point l'unité de pouvoir, et n'établissaient, en le confiant à plusieurs, une multitude d'intérêts particuliers, toujours en sens inverse de l'intérêt des peuples. Là où la puissance est égale entre plusieurs, les crimes heureux d'un seul deviennent une règle de conduite pour tous les autres. Croyez-vous que les hommes chargés de maintenir des lois, qui tellement précises qu'elles puissent être, seront toujours interprétatives, n'auront jamais en vue, comme les rois, que l'intérêt général ? L'ambition et la cupidité ne viendront-elles jamais éveiller chez ces hommes l'intérêt particulier ?

Un roi ne peut avoir d'autre ambition que d'être roi, que pourrait-il être de plus ? Mais chez vos républicains, croyez-vous que l'habitude de pouvoir voudra toujours partager la puissance ou y renoncer ? Non, ce serait une erreur dont l'expérience des temps nous a détrompés.

Vous avez été et vous êtes dans l'erreur, comme tant d'autres, sur le gouvernement des treize cantons Suisses, que vous citez pour modèle. Ils ne sont réellement que treize monarchies ; les mêmes familles gouvernent depuis long-temps, dans chacun d'eux ; chaque chef de canton est un monarque dans son petit pays, et cette nouvelle espèce de

rois est la seule cause de l'existence fédéra-
tive des treize cantons, dont le conseil est
composé de treize puissances, toutes liées à
l'intérêt général des peuples, par leur intérêt
particulier.

Un peuple gouverné dans le sens que vous
l'entendez, doit s'attendre à vivre continuel-
lement dans le cahos des dissentions, ou à
devenir, tôt ou tard, la proie d'un ambitieux.
Tel fut le sort des peuples de la Grèce, que
leurs plus beaux jours ne furent que le délire
de la licence, et leur ruine le résultat d'une
législation qui divisait l'unité de pouvoir.

Les Romains furent toujours les esclaves
du sénat, et non de leurs lois ; sans cette
vérité, nous ne connaîtrions ni le Mont sacré
ni le Janicule. Furent-ils jamais libres dans leur
superbe Rome, dont la place publique souvent
jonchée des cadavres des magistrats et du
peuple, était toujours le champ de bataille
de l'ambition, et le marché où se vendaient
les premières places de l'état, que les acqué-
reurs ne manquaient jamais de faire valoir
pour leur compte particulier : en un mot,
furent-ils jamais plus heureux que sous leurs
rois ?

Ces républiques produisaient de grands

hommes , dira-t-on ; mais nous en avons eus et nous en avons encore , comme elles eurent les leurs , que nous ne voyons avec tant de prévention qu'à l'aide du microscope de l'antiquité ; car ils ne rendirent jamais leurs concitoyens ni plus sages ni plus heureux.

Au reste , ne nous y trompons point , le gouvernement républicain étant une révolution continuelle qui tend à l'esclavage des peuples , l'ambition des premières places doit nécessairement produire des hommes qui oseront tout pour y parvenir : leurs actions publiques auront toujours l'étalage de la grandeur , lorsque dans l'ombre de l'intrigue , ou sous le manteau du bien public , les crimes leur deviendront des habitudes , et les peuples un marche-pied. Si Brutus n'avait hérité de la pourpre des Tarquins , il ne serait jamais devenu l'assassin de sa famille.

Des hommes célèbres ont vanté le gouvernement républicain , je le sais ; mais entraînés par leur éloquence , avons-nous assez réfléchi sur leurs écrits. Depuis Platon jusques à Jean-Jacques , je ne vois que des systèmes impossibles dans l'exécution. Les grands génies qui les ont produits , se sont plus à créer des sociétés à leurs systèmes , ou bien, ont voulu faire connaître aux hommes ce qu'ils devraient être dans l'état social ; car leur législation ne pouvant convenir aux hommes. tel qu'ils sont , leurs lois ne sont applicables qu'aux hommes tels qu'ils devraient être.　.

Ces idées de républicanisme sont en France, le résultat de notre éducation. Loin de nous faire connaître l'histoire de notre patrie et celle des grands hommes qu'elle a produits , on gâte notre jugement en nous étalant sans cesse cette prétendue liberté des Athéniens, qui ne fut autre chose que la licence de l'anarchie chez un peuple léger , qui comme tous les autres , n'eut de grands hommes que par l'ambition des premiers emplois ; en exaltant notre imagination sur la féroce valeur des Lacédémoniens , toujours dévorés de l'ambition du commandement , qui, bourreaux de leurs enfans , et tyrans des Ilotes , n'eurent d'autre bonheur que celui d'une législation qui commandait la férocité.

Quelles leçons pouvons nous recevoir de ces Romains tant vantés ? Le sage ne voit à travers le prisme de leur gloire colossale , qu'un peuple d'esclaves, généreux par interêt, illustre par la destruction , oppresseur par principe de gouvernement, et toujours d'autant plus malheureux, que sa gloire devenait plus grande.

. Comme les préjugés de l'enfance s'effacent rarement, et qu'ils décident souvent de l'opinion de l'âge mûr, ce n'est sans doute qu'à ce fantôme de liberté tant préconisée dans nos études, que nous avons dû les malheurs de notre révolution.

Il existait des abus dans notre législation : loin de les considérer comme des plaies profondes, dont on ne peut attendre la guérison que du temps et du ménagement, des têtes brûlantes portèrent une main téméraire jusques dans la source. En voulant, comme le dit *Pascal*, recourir aux lois fondamentales, on détruisit les coutumes établies, et on renversa tout en voulant corriger quelques abus. L'ambition cria liberté, et le peuple trompé par les mots comme par les choses, prêta l'oreille et secoua le joug de toutes les lois.

. Nouveaux Mahomets, le poignard d'une main, la torche de l'autre, des hommes guidés par le fanatisme de la nouveauté, prêchèrent l'universalité d'opinion, coururent sur les débris de l'espèce humaine, après un fantôme de leur création, et servirent de gradins à l'instigateur hypocrite, qui s'élevait à la fortune, sur le débris des lois et de la population.

Suivons , dans leur marche , ces apôtres
énergumènes du républicanisme. Leur premier
pas est le crime de la raison , l'athéisme.
Contemplateurs de toutes les vertus, ils détrui-
sent la morale publique. Lâches avec Robes-
pierre , ils l'aident à égorger ce peuple dont
ils s'étaient érigés les défenseurs. Déprédateurs
avec le directoire , ils ruinent la patrie qu'ils
avaient juré de sauver , et rampans jusques à
l'avilissement de la poussière , ils baisent lâ-
chement la main terrible d'un Corse , qui rive
les fers d'une nation qu'ils avaient juré de
maintenir libre. Voilà vos républicains ! Que
vous en semble ?

Bien de gens ont , comme vous , crié contre
l'inégalité des conditions , quoiqu'elle soit dans
la nature de tout état social , et qu'on la re-
trouve jusques chez les sauvages les moins
policés , parce qu'elle est partout la récompense et le lien que l'intérêt général donne
à l'intérêt particulier , pour le ramener au
même centre. D'autres ont écrit avec raison,
en faveur de cet état de choses , et ont peut-
être mis trop de graduations dans les diffé-
rences. La distinction des rangs ne changeant
en rien la nature de l'homme ni des lois qui

le protégent, l'orgueil a fait tous les frais de
la discussion.

Les premiers ont écrit contre l'élévation,
parce qu'ils voulaient et ne pouvaient y at-
teindre, et les seconds ont caressé l'idole,
parce qu'ils étaient sur le piédestal.

Quoi qu'il en soit, l'homme de bien et de
mérite est toujours estimé, quelle que soit la
place qu'il occupe dans la société. Le sage qui
sait bien qu'en naissant dans un rang dis-
tingué, l'homme jouit de la récompense due
seulement à la vertu de ses ancêtres, et qu'il
contracte en voyant le jour l'obligation sacrée
d'être utile et vertueux, comme ils le furent,
s'éloigne de l'ambitieux, le laisse se bercer
dans ses prétentions chimériques ; respecte
l'homme que la patrie reconnaissante honore,
et abandonne froidement à l'être inutile, qui
ne veut briller que d'un éclat d'emprunt, le
droit incontestable d'ajouter son insuffisance à
la sottise du hasard.

Ici tout se réduit à l'idée de Pascal, « qu'on
» n'estime jamais la personne, mais seulement
» les qualités, ou que si l'on estime la per-
» sonne, il faut dire que c'est l'assemblage
» des qualités qui fait la personne. »

Si, comme vous le dites, et comme je le

crois, la justice des hommes est la meilleure
preuve de leur corruption ou de la faiblesse de
leur esprit, dites-moi ce qu'étaient les hom-
de 92, 93, 94, etc. J'ose croire que vous
n'oserez prononcer par respect pour l'espèce
humaine ; car le délire de l'esprit humain,
dans ces temps malheureux, dépasse toutes
les conceptions.

A propos d'égarement de l'esprit humain,
l'erreur des dénominations ne vous aurait-elle
pas trompé sur les choses ? Chez vous la nature est le principe seul coordonnant ; je vis,
dites-vous, je dois tout à la nature; je meurs,
je rends tout à la nature, et tout est fini.
Vous voilà plongé dans le système désorga-
nisateur des hommes qui furent les bourreaux
de la patrie. Vous découvrez précisément
l'abîme où vont se confondre le juste et l'in-
juste, le bien et le mal, c'est-à-dire, les consciences. De conséquence en conséquence, nous
arrivons au matérialisme, à l'anéantissement
de toutes les vertus sociales et au renverse-
ment de la morale publique. Mais qu'est-ce
donc que cette nature que vous préconisez
avec tant de chaleur ? un être dépendant, un
être qui ne s'appartient pas ; en un mot, une
habitude, résultat d'une volonté continue ,

dépendante comme nos besoins et nos sensations d'une volonté supérieure à la nôtre. Ce hasard dont tout dépendrait, selon vous, ne peut être ni la volonté ni l'habitude, puisqu'il n'est qu'un accident. Ce que vous appelez la nature, n'est que la matière mise en mouvement. La matière ne peut avoir de volonté ; mais elle est une habitude, ou le résultat d'une volonté permanente : cette volonté ne peut appartenir qu'à un être intelligent, cet être intelligent est le seul que puisse vouloir la nature ; et de là la nécessité d'un créateur que vous désavouez par une logique qui mène à l'athéisme, le dernier asile du crime épouvanté, ou le résultat de la folie.

Mais, mon ami, une pareille doctrine est-elle faite pour vous ? Non, semblable à l'insecte dont la piqûre fane nos belles fleurs, l'athéisme flétrit le cœur de l'homme, et ne lui laisse que le désespoir dans le naufrage de la vie. Pour lui l'existence est la longue agonie du crime, l'espérance épouvantée le fuit, et l'imagination éperdue ne voit d'autre fin que l'image foudroyante d'une entière dissolution.

Mais toi, feu sacré de la vie, habitude de la création, fruit constant d'une volonté immuable , toi par qui je connais ta grandeur ; âme du monde, peux-tu tomber dans l'abîme du néant de l'athée ! Non , la matière peut se déformer ; mais tu servis à sa destruction , tu en conserves les molécules éparses : chaque partié du tout qui n'est plus , redevient , par ton influence , un tout semblable à celui qui vient de périr ; et l'athée succombe , avec son erreur , sous la vérité du spectacle sublime de la reproduction.

Je te salue , père de la nature, accepte le tribut de ma reconnaissance ; le feu subtil qui circule dans tout mon être me prouve que je suis ; autour de moi le mouvement annonce ta présence , je te sens, je ne peux te définir; mais il est vrai que tu es.

D'où vient l'étincelle rapide qui me fait éprouver une si douce commotion ? Que peut sur moi cet objet dont l'approche multiplie les vibrations des ressorts de la vie , et me fait éprouver le délire des sensations ?

Non, sans doute , l'accident irrégulier n'a pas combiné la correspondance des cœurs , il n'a pas calculé les effets de la modestie parée des charmes de l'innocence , ni placé le séduisant coloris de la pudeur sur la physionomie du sentiment.

Vous êtes dans l'erreur, mon ami, le bonheur des hommes, en société, ne dépend point de leur opinion, il serait accidentel; car il y a chez les hommes autant d'opinions que de situations diverses. Ce serait une grande erreur, en législation, que de prendre l'opinion pour guide, puisqu'elle dépend d'un désir ou d'un caprice plutôt que du caractère; et qu'alors même qu'elle est générale, elle n'est pas infaillible.

La gloire des armes, si considérée dans l'opinion générale, est bien loin de faire le bonheur des peuples. Semblable à l'éclat de la foudre, elle est terrible, elle détruit tout ce qui l'alimente, ne produit que l'admiration de la crainte, et n'est jamais profitable que pour quelques individus. A quoi nous ont servi tous nos faits d'armes ? à faire retentir le cri de mort aux deux extrémités de l'Europe, à épouvanter les nations, que nos succès et nos revers ont fait trembler, et qui redoutent encore jusques à la dernière vapeur qui s'exhale du volcan révolutionnaire.

Tel est l'effet du gouvernement républicain, qu'une nation est toujours l'esclave absolu des gouvernans. Si elle est grande, elle ne peut maintenir son gouvernement que par la guerre;

Il faut que le peuple soit occupé au dehors, pour qu'il ne puisse s'apercevoir des fers que l'ambition lui forge sur ses foyers, où pour éviter les convulsions de l'anarchie, que la volonté individuelle ferait éclore, si elle entrait pour quelque chose dans sa législation.

Si elle est petite, elle devient nécessairement l'esclave des gouvernans, ces gouvernans l'étant eux-mêmes d'une puissance plus forte qui les protège, parce qu'ils ne peuvent ni faire la guerre pour occuper les peuples au-dehors, et se maintenir, ni se défendre de l'oppression sur leur territoire. Dès que les Romains furent une puissante nation, le temple de Janus ne se ferma que lorsque, sous César Auguste, le gouvernement ne fut plus républicain. Les de Wits, en Hollande, furent écrasés par la faction contraire, parce que le peuple n'était point occupé au-dehors : on eut le temps de le faire conspirer. Le Doge de Gênes fut toujours forcé d'être tributaire, ou sous la protection d'une puissance plus forte, pour maintenir son autorité ; et le peuple de Vénise était tellement malheureux, qu'en matière de gouvernement, la fierté des patriciens lui interdisait jusques à la plus humble supplique. Cette liberté, dont jouissent les peuples en république , et que vous faites tant précieuse, n'est donc qu'une illusion, à la place de laquelle on trouve l'esclavage des nations , quand on veut en chercher la réalité.

De même que la guerre qui fait le malheur des peuples devient nécessaire à ceux qui tiennent les rênes de cette espèce de gouvernement ; de même la paix est indispensable au gouvernement monarchique , parce que le bonheur des rois est inséparable du bonheur des nations qu'ils régissent. De-là vient qu'un potentat craint la guerre , et ne la fait qu'autant qu'elle est nécessaire à la tranquillité de ses sujets. Il n'a pas besoin d'aller ravager le monde pour le maintien de son autorité, basée sur l'amour des peuples, ni pour aller apprendre à faire une guerre défensive, la seule qui lui soit nécessaire.

Croyez-moi, mon ami , en respectant les hommes assez généreux pour savoir mourir pour leur prince et leur patrie, ne prodiguons point notre admiration à cette gloire mensongère , qui naît de la destruction. Imitons ce peuple sage , qui n'est heureux et tranquille que parce qu'il n'ambitionne d'autre territoire que les rochers escarpés qui l'ont vu naître : soyons, comme lui, soldats et citoyens, rallions-nous tous au trône de la famille auguste qui fit toujours le bonheur des français : nous ne manquerons jamais de chefs pour nous conduire dans le centre des bataillons assez osés pour violer l'intégrité de nos frontières.

Parmi les hommes qui peuvent réfléchir, il ne peut y avoir de républicain de bonne foi , parce que dans l'acception du mot , il n'y eut jamais de véritable république. Que peuvent donc être les hommes assez malheureux pour propager encore, avec connaissance de cause, les principes qui ont fait la désolation de notre belle patrie ? N'entendent-ils pas leurs familles tremblantes s'écrier avec l'accent du désespoir : si vous fûtes malheureux par l'erreur de vos pères , ne nous sacrifiez pas à votre tour au fantôme de votre imagination. Laissez-nous une patrie , tremblez que vos dissentions domesti-ques n'éveillent l'ambition et la haine de vos ennemis ; et que nous ne devenions avec vous , peut-être , les esclaves malheureux d'une légis-lation qui ne serait pas la nôtre.

Eloignons ces idées terribles, mon ami, souvenons-nous , avec confiance , que nous sommes tous les enfans de la même patrie, que nous sommes tous égaux devant les lois, que la porte des emplois est également ouverte pour

.tous les hommes de mérite ; que la sagesse du monarque est devenue l'égide de toutes les croyances ; et que nous adorons tous le même Dieu.

A l'exemple de notre bon Roi, laissons à la main toute-puissante de l'Eternel le soin de toucher les cœurs et d'éclairer les consciences. Ne soyons que français, rallions-nous tous au trône des descendans du Grand-Henri, il fut le héros de la France, son fils est le père et le sauveur de la patrie.

Rallions-nous sous le drapeau sans tache : que notre union soit le boulevard terrible qui garantisse notre territoire ; et que nos ennemis sachent que sans rien perdre de notre gloire, nous devons être d'autant plus respectés, que notre modération deviendra plus grande.

Respectés au-dehors, heureux sur nos foyers, nous chanterons notre bonheur ; et protégés de l'ombre tutélaire des lys, nous nous écrierons, dans la plénitude de nos cœurs : VIVE LE ROI ! VIVENT LES BOURBONS ! vive la Charte et l'union qui fait le bonheur des français !

R I N G A U D aîné.